어느 날 고갱은 모든 시간을 그림에만 쏟기로 마음먹었어요.
하지만 파리에서 작업하고 싶지는 않았어요.
그는 더 소박하며, 자연과 가까운 삶을 원했거든요.
예전에 들른 적 있는 카리브해의 섬에 가고 싶었어요.
그 같은 열대 지방에서 적은 돈으로 수수하게 지내는 것이 고갱의 꿈이었지요.
고갱은 열대 지방에 가기에 앞서 프랑스 브르타뉴 지방으로 향했어요.
이후 마르티니크*에서 지내다 병에 걸리는 바람에 다시 프랑스로 돌아가게 되었어요.
집으로 돌아갈 날을 기다리는 동안,
고갱에게는 자신이 처음 마주한 이국적 풍경을 그려 낼 열정과 힘이 충분했어요.
그리고 프랑스로 돌아가면 예전처럼 그림을 그리지 않을 생각이었지요.
하지만 고갱은 다시 브르타뉴 지방을 찾게 되는데…….

*마르티니크 서인도 제도 남동부의 프랑스령 섬.

역자 허보미

홍익대학교 예술학과 졸업 후 서울대학교 대학원 미술경영학과를 수료하였으며,
한국외국어대학교 통번역 대학원 재학 중이다.
현재 번역 에이전시 엔터스코리아에서 출판 기획 및 번역가로 활동 중이다.
주요 역서로는 『타투 디자인 대백과』, 『3000 수채화 혼색 레시피』, 『어반 스케치 핸드북: 태블릿 드로잉』,
『나의 첫 번째 드로잉: 동물편』, 『나의 두 번째 드로잉: 모든 사물편』, 『단숨에 읽는 인상주의』,
『세계 문화 여행: 덴마크』, 『제품 디자인 스케치 바이블』 등이 있다.

폴 고갱 열대의 색채를 찾아 떠나다

글 베레니스 카파티·에바 아다미 | **그림** 옥타비아 모나코 | **옮김** 허보미 | **펴낸날** 2022년 11월 25일 초판 1쇄
펴낸이 김상수 | **펴낸곳** 루크하우스 | **기획·편집** 이성령, 권정화, 전다은 | **디자인** 문정선, 조은영 | **영업·마케팅** 황형석, 임혜은
주소 서울시 서초구 사임당로 50 해양빌딩 504호 | **전화** 02)468-5057 | **팩스** 02)468-5051 | **출판등록** 2010년 12월 15일 제2010-59호
www.lukhouse.com cafe.naver.com/lukhouse

ISBN 979-11-5568-534-1 74600 ISBN 979-11-5568-506-8(세트)

※ 잘못된 책은 구입처에서 바꾸어 드립니다.
※ 값은 뒤표지에 있습니다.

상상의집은 (주)루크하우스의 아동출판 브랜드입니다.

Gauguin and the Colour of the Tropics by Bérénice Capatti, Eva Adami and Octavia Monaco
Texts © Bérénice Capatti and Eva Adami
Illustrations © Octavia Monaco
Copyright © "Edizioni Arka S.r.l., Milano 73/75 - 20010 Cornaredo (Milano), Italia"
Photographs:
Nave Nave Mahana (Delightful Days), 1896 (Musée des Beaux-Arts, Lyon, France)
All other photographs: Bridgeman Art Library, London, UK
Korean translation rights © Lukhouse 2022
Korean translation rights are arranged with Il Castello S.R.L. through AMO Agency, Korea
All rights reserved.

이 책의 한국어판 저작권은 AMO에이전시를 통해 저작권자와 독점 계약한 루크하우스에 있습니다.
저작권법에 의해 한국 내에서 보호를 받는 저작물이므로 무단 전재와 무단 복제를 금합니다.

폴 고갱

열대의 색채를 찾아 떠나다

고갱의 산문 『노아 노아(Noa Noa)』에서 영감을 받아
베레니스 카파티와 에바 아다미가 쓰고
옥타비아 모나코가 그리다.

상상의집

브르타뉴의 하늘은 며칠째 어둑했어요.
마치 퐁타벤* 마을 사람들의 우울한 마음 같았어요.
고갱은 마을에 도착한 지 몇 달도 채 되지 않아, 떠나기로 결심했어요.
아내도 자식도 없이 손에는 캔버스와 붓, 물감뿐이었지만 그는 이 마을에서 행복했어요.
이런 말을 했을지도 모르지요.
"여기서는 내가 그토록 사랑하는 원시의 자연을 만날 수 있어."
퐁타벤 사람들은 아쉬웠어요. 새하얀 전통 모자를 쓴 여인들, 춤추는 여인들,
뛰어노는 어린아이들, 퐁타벤의 전원을 그리는 고갱을 다시는 볼 수 없을 테니까요.
예술 마을 퐁타벤의 유명세를 만든 여러 화가와 고갱이 토론하는 모습도
더는 보기 어렵겠지요. 어느새 친구가 되어 버렸는데 말이에요.
고갱은 파리에 있는 친구들에게 이런 내용의 편지를 보내기도 했어요.
"여기서 나는 다른 예술가들을 이끄는 사람이 되었어.
그들은 나를 어려워하지만 존경하고, 내게 조언을 구하기도 한다네."
이렇게 좋은 마을이었지만, 고갱은 확신할 수 있었어요.
퐁타벤의 하늘은 더 이상 자신에게 영감을 줄 수 없다는 사실을요.
구름이 가득 끼고, 바람도 많이 불어 바깥에서 그림 그리는 일이 쉽지 않았지요.
가을이 오면서 햇빛 드는 날도 줄었고요.
마침 친구 빈센트 반 고흐**가 자신이 사는 곳으로 오라며 고갱을 설득했어요.
고흐는 추운 네덜란드를 떠나 '따사로운 햇볕을 그림에 고스란히 담아낼 수 있는'
프랑스 남부 지방, 프로방스에 살고 있었거든요.
고갱은 프로방스로 향하는 기차에 몸을 실었어요.

*퐁타벤 브르타뉴의 마을.
**빈센트 반 고흐 네덜란드 출신의 인상주의 화가. 1888년 고갱이 고흐의 '노란 집'으로 이사 오면서 둘은 함께 지냈으나, 갈등이 점점 심해지자 고흐는 자신의 귀를 자르고 고갱은 떠나고 만다.

고흐는 프로방스 아를에 있는 자신의 아담한 노란 집을
'화가들의 천국'으로 만들고 싶어 했어요.
그래서 고갱이 도착하기만을 기다리고 있었지요.
고갱처럼 뛰어난 화가가 온다면 다른 화가들도 곧 따라올 테니까요.
고흐는 고갱의 마음에 들도록 커다란 해바라기 그림을 그려서 벽에 걸어 두었어요.
그는 언제나 해만 바라보는 해바라기를 참 좋아했어요.
마치 새로운 예술 양식을 찾기 위해 고갱을 따라 이곳까지 올 수많은 예술가처럼 보였지요.
고흐는 그들의 '스승'이 될 고갱을 위해 팔걸이가 있는 편안한 의자도 마련했어요.

처음에는 고흐가 바라던 대로 이루어지는 것 같았어요.
고갱과 고흐는 그림을 그리며 함께 시간을 보냈어요.
같은 풍경에서 영감을 받고, 같은 사람을 묘사하고, 서로의 초상화를 그려 주기도 했지요.
그런 뒤에는 자신들이 그린 그림을 비교해 보았어요.
여기서부터 갈등이 시작됐어요. 왜냐고요?
고갱과 고흐의 미적 취향이 확연히 달랐기 때문이에요.
고갱은 친구에게 이런 편지를 써서 보내기도 했어요.
"고흐는 내 작품이 좋다고 하지만,
내가 그림을 그리고 있을 때면 항상 내가 틀렸다고 말해."
반면 고흐는 동생에게 보내는 편지에 이렇게 썼어요.
"고갱은 내가 방식을 바꿔야만 한다더라."
둘 다 서로의 비평을 받아들이지 않았지요.

어느 저녁, 고갱과 고흐는 심하게 다투었어요.
다음 날 고갱은 다시 기차에 몸을 싣고, 파리로 떠났어요.

하지만 고갱은 파리와도 잘 맞지 않았어요.
파리에는 빛과 빛의 반사를 가벼운 붓 터치로 표현하는 인상주의 화풍이 여전히 굳건했지요.
고갱은 더 이상 이런 방식으로 그림을 그리고 싶지 않았어요.
그는 보이는 것보다 느끼는 것을 표현하고, 현실보다 감정을 나타낼 수 있도록
큼직한 색의 조각들과 정교한 형태들을 활용하고 싶었어요.

그렇지만 그런 작품을 어떻게 세상에 선보일 수 있을까요?
고갱은 파리 만국 박람회에 자신의 작품을 전시하기로 했어요.
파리 만국 박람회는 프랑스 혁명 100주년을 기념해 세워진 거대한 에펠탑과 함께
관람객을 끌어모으는 중이었지요.

파리 만국 박람회에는 식민지 국가의 전시관도 많았어요.
고갱은 그 전시관들을 여러 번 방문했는데, 특히 타히티섬 전시관을 자주 찾았어요.
타히티섬 사람들은 원시 그대로의 삶을 사는 것처럼 보였어요.
'타히티섬으로 가서 새로운 얼굴, 새로운 풍경, 새로운 색채를 표현해 보는 것은 어떨까?
프랑스 비평가들을 깜짝 놀라게 해 줄 수 있지 않을까?'
고갱은 이렇게 생각했어요. 고흐도 이런 말을 한 적이 있었어요.
"결국 예술의 미래는 열대 지방의 분위기를 표현하는 화가들에게 달려있다."

고갱은 자신의 작품 몇 점을 팔아 여비를 마련했어요. 그리고 다짐했지요.
"문명의 영향에서 벗어나기 위해 떠납니다. 나는 아주 소박한 그림을 그리고 싶어요."

타히티섬으로 떠나기 전, 고갱은 부인과 아이들이 지내는 덴마크에 잠시 들렀어요.
한 곳에 만족하지 못하고 모험을 즐기는 고갱과 함께 살기란 쉬운 일이 아니었어요.
작별의 인사였을까요? 고갱은 부인에게 이렇게 말했어요.
"편지하겠소."

며칠 뒤, 고갱은 프랑스 군함에 올라 새로운 여정을 시작했어요.
태평양에 있는 머나먼 곳, 타히티섬으로 향하는 여정을요.

두 달간의 항해 끝에 고갱이 탄 군함이 드디어 타히티섬의 수도,
파페에테에 닻을 내렸어요.
고갱은 섬사람들이 호기심 가득한 표정으로 자신을 바라보고 있음을 느꼈어요.
"타타 바힌, 타타 바힌(Taata vahine, taata vahine)."
한 소녀가 까르르 웃으며 말했어요.
그리고 모두 소녀를 따라 웃기 시작했지요.
"타… 타… 바힌…? 그게 무슨 뜻이죠?"
"아, 당신의 머리카락 때문에요. 머리가 여자처럼 길다고 '남자 여자'라고 부르는 거예요."
군함에서 고갱과 여정을 함께했던 군인이 설명해 주었어요.
군인은 해변에 모여 있는 사람들을 향해 말했어요.
"이 사람은 폴 고갱입니다. 프랑스의 화가예요."
"폴, 뭐라고요? 코크?"
발음하기 아주 어려운 이름이었어요. 더군다나 '화가'가 무슨 뜻인지 누가 알겠어요?

파페에테에서의 생활이 행복하지만은 않았어요.
7월 14일, 그러니까 섬을 다스리는 프랑스의 최대 국경일인
프랑스 혁명 기념일에도 예외는 아니었어요.
그날은 고갱에게 그저 수많은 프랑스인이 모여드는 날일 뿐이었지요.
고갱이 꿈꾼 야생의 자연은 도대체 어디 있는 걸까요?
이곳의 진정한 토착민들은 어디에 있을까요?
파페에테 사람들은 이미 서구 문화에 많이 적응해 있었어요.
고갱은 투덜대면서도 이곳 사람들의 얼굴을 빠르게 스케치했어요.
"이렇게 문명화된 곳에서 벗어나야 해. 이런 걸 보려고 여기까지 온 게 아니니까."

고갱은 파페에테를 떠나기로 했어요.
사람들이 놀리지 못하도록 머리카락도 짧게 잘랐지요.
그렇게 고갱은 마차를 타고 야생의 자연을 찾아 떠났어요.

마타이에아*에 도착했을 때, 고갱은 아름다운 해변을 보며 바로 이곳이라고 생각했어요.
그가 그토록 찾던 곳.
물론 원시성은 기대했던 것보다 부족했지만요.
타히티섬을 통치했던 프랑스인들과 선교사들이
원주민들의 생활 방식을 바꿔 버린 탓이었지요.
멋진 집을 짓고 사는 부유한 사람도 있었어요. 아나니처럼요.
"저 집을 빌리는 건 어때요? 바로 얼마 전에 지은 집이에요."
하지만 고갱에게 필요한 것은 집이 아니었어요. 이곳의 토박이처럼 살고 싶었어요.
"저는 오두막이면 됩니다."
고갱이 대답했어요.

같은 시각 나무 뒤에서 고갱을 지켜보는 두 소년, 조테파와 타오아가 있었어요.
"저 사람은 누굴까?"
소년들은 서로에게 물었어요.
"왜 우리처럼 살고 싶다는 거지? 나뭇잎으로 지붕을 대신하는 이런 삶을?"

---

*마타이에아 타히티섬에 있는 지역.

마타이에아 사람들은 조테파와 타오아처럼
고갱이 무엇을 하려는지 궁금해하면서도 가까이 다가가지는 않았어요.
고갱이 지내던 오두막 앞까지 다가간 사람은 조테파 한 명뿐이었지요.
처음에는 레드 바나나를 찾아 산에 가는 토요일에만 고갱을 지켜보았어요.
그다음에는 멀리서, 더 자주 관찰하기 시작했어요.
말을 한번 걸어 보고 싶었지만, 겁이 나기도 했어요.
"그들에게 나는 관찰의 대상이었죠. 나에게 그들이 그랬듯."
고갱은 당시를 떠올리며 이렇게 말했어요.

때때로 고갱은 외로웠어요. 하지만 파리를 떠난 것을 후회하지는 않았어요.
'여기서 나의 예술은 새로운 힘을 찾을 거야.' 그는 이렇게 생각했지요.
이 시기 고갱은 작품을 만들기보다 빠르게 스케치만 완성했고,
벽에는 유럽에서 가져온 미술 작품 엽서들을 걸어 두었어요.

고갱은 마타이에아의 풍경과 얼굴을 잘 담아내려면
먼저 이곳의 느릿한 리듬에 적응해야 한다고 생각했어요.
현지의 생활 방식을 더 깊숙이 이해할 수 있도록 말이에요.
고갱은 부인 메테에게 보내는 편지에서 이렇게 말했어요.
"여기 사람들은 하루 종일 가만히 앉아서 자연이나 하늘만 바라보고 있소."

시간이 지나면서 섬의 주민들도 고갱에게 익숙해졌어요.
어느 날은 한 소녀가 그의 오두막 앞에 선물을 두고 갔어요.
선물은 고구마와 바나나 잎이었지요. 소녀는 문 앞에 선물만 두고 얼른 달아났어요.
이게 시작이었어요.

곧 고갱에게는 많은 친구가 생겼어요.
저녁이면 나무 아래 모여 다 같이 노래를 부르기도 하고 이야기도 나눴어요.
고갱은 깎아 놓은 듯한 그들의 얼굴, 느릿한 움직임을 유심히 관찰했어요.
조테파와 타오아, 테투아의 얼굴을 그리고 그들의 언어를 배웠지요.
어느 날 저녁, 고갱은 친구에게 편지를 보냈어요.
"이제야 이들과 어울릴 수 있겠어.
여기 사람들은 항상 노래를 부르고, 남의 것을 절대 훔치지 않아.
나도 대문 걸어 잠근 적이 한 번도 없을 정도야.
이곳은 문명과 거리가 멀어. 나는 아주 자유롭고 평화롭다네."

고갱은 다시 팔레트를 들고 그림 그릴 준비가 되어 있었어요.

다음 날 고갱은 드디어 이젤과 팔레트, 물감을 꺼내 들었어요.
그리고 매일 아침 그림을 그리기 시작했지요.
섬사람들은 고갱이 어떤 그림을 그리는지 보려고 그의 오두막을 찾았어요.
특히 조테파가 자주 방문했어요.
"나의 다채로운 그림이 그의 호기심을 자극한다.
그는 하루도 빠짐없이 내 그림을 보러 온다."
고갱은 자신의 노트에 이렇게 적기도 했어요.
조테파에게 설명해 주고 싶었어요.
이 섬이 자신을 변화시키고 있다는 사실을요.

"나는 더 이상 망설이지 않아요.
불꽃 같은 빨간색과 진한 파란색으로 내가 보는 것을 그립니다.
이 금빛 태양에서 쏟아지는 기쁨을 캔버스에 담지요."
고갱은 팔레트에 물감을 꾹 짜면서
황금 같은 태양이 비추는 땅과 강물을 표현하는 데 열중하고 있다고 설명했어요.

그림을 그릴 때마다 찾아오는 젊은 여성도 그려 보고 싶었어요.
고갱은 그 여성에게 작품의 모델이 되어 줄 수 있겠냐고 물었고,
그녀는 고갱의 제안을 받아들였어요.

고갱은 여성을 자신의 오두막으로 초대했어요.
여성은 벽에 걸린 사진을 보며 물었어요.
"아주 아름다운 여인이네요. 당신의 부인인가요?"
아니요. 사진 속 여성은 프랑스 인상주의 화가 에두아르 마네가 그린 것으로,
고갱의 부인은 아니었지요. 하지만 고갱은 부인이 맞다고 대답했어요.
자신이 결혼도 했고, 부인까지 있다고 말하면
사진 속 여성과 같은 누드화를 제안했을 때
거부감 없이 받아들일 수 있을 거라고 생각했거든요.
하지만 여성은 당황해하며 "맙소사! 안 돼요!"라고 대답했고,
곧바로 그의 오두막에서 도망쳤어요.

얼마 지나지 않아 여성이 다시 고갱을 찾아왔어요.
주일에만 입는 드레스를 입고 머리에는 꽃 장식을 단 채로요.
고갱은 이곳 여성들이 더 이상 벌거벗고 다니지 않으며,
선교사들의 엄격한 규칙에 따라 주일에 입을 옷을 마련해 둔다는 사실을 알았어요.
고갱은 그 여성의 조화로운 신체와 금빛 피부, 자연스러운 자세를 그리고 싶었어요.
하지만 그녀가 다시 찾아와 준 것만으로도 다행이었지요.
고갱은 그녀에게 아무런 요구도 하지 않고 대답했어요.
"좋습니다."

캔버스에 물감을 칠하며 고갱이 말했어요.
"당신은 내가 초상화로 남긴 첫 번째 타히티섬 여성입니다.
작품의 제목은 〈꽃을 든 여인(Vahine no te tiare)〉으로 하겠어요."

이제 고갱은 쉬지 않고 그림을 그렸어요.
조테파는 그런 고갱 옆에 앉아 말없이 구경하곤 했어요.
"그는 그림만 그리면 아무것도 못 듣고 아무 말도 하지 않아."
조테파가 친구들에게 말했어요.
가끔 고갱은 조테파에게 유럽에서 들여온 물감이나
나무틀에 맞춰 잘라 사용하는 새하얀 캔버스 두루마리를 보여 주었어요.
"팔레트는 물감을 섞는 데 사용한단다.
예를 들어 이 노란색에 파란색을 섞으면 밝은 초록색이 되지."

"왜 땅은 분홍색으로 칠하고, 여기는 보라색을 사용했어요?"
조테파는 나무 아래 두 여성이 앉아 있는 그림을 보고 물었어요.
고갱은 사실 그대로를 묘사하기보다 자신이 느끼는 감정을 표현하고 싶다고 대답했어요.
단조로운 색으로 형태를 더 정확하게 표현하고,
밝은색으로 자연의 아름다움을 찬양하고 싶다고요.
"이 그림자로 예를 들어 보자. 옅은 파란색처럼 보이니?
그럼 나는 오히려 더 진한 파란색을 쓸 거야."
고갱이 다시 그림에 열중하며 말했어요.

어느 날, 고갱은 조테파를 위한 깜짝 선물을 준비했어요.
"이건 마치 제가 오래되고 병든 코코넛 나무를 베는 모습 같네요!"
오두막 안 이젤에 놓인 그림을 보고 조테파가 소리쳤어요.
"맞아, 너와 닮았지."
고갱이 말했어요.
"어제 네가 나무를 베고 있을 때 스케치했어.
가끔 나는 실제 생활 모습을 보며 스케치를 해.
그런 다음 기억을 더듬어 그림을 그리고, 사진에서 영감을 얻기도 한단다.
이 그림을 그릴 때는 젊은 운동선수를 표현한 그리스 조각상을 떠올렸어."
조테파는 그제야 고갱의 그림 〈우리는 오늘 시장에 가지 않을 거야(Ta matete)〉에서
타히티섬 여성들이 오두막에 있는 엽서 속 인물과 똑같은 자세를 하고 있는 이유를 알았어요.
"그들은 이집트 여성들을 본떠 그린 것이지."
고갱이 이렇게 말한 적이 있었어요.
조테파는 자신의 초상화가 무척이나 마음에 들었어요.

조테파는 고갱이 자신의 친구들도 그려 주었으면 좋겠다고 생각했어요.
하루는 조테파가 친구들을 데리고 고갱의 오두막을 방문했지요.
선물로 바나나를 잔뜩 가지고 가는 것도 잊지 않았어요.

"이 사람들은 누구죠?"
타오아가 사진을 가리키며 물었어요.
"내 부인 메테와 아이들이란다. 덴마크에 살고 있지."
소년들은 고갱의 아이들이 몇 살인지 같은 것들이 궁금해서 계속 질문했지만,
고갱은 집중하지 않았어요.
'식탁에 놓인 레드 바나나 한 다발. 이걸 그려 보면 어떨까?
과일을 담은 그림 말이야. 그릇 같은 것도 놓고.'
대신 고갱은 훌륭한 정물화를 완성할 생각만 했어요.

그는 재빠르게 식탁을 준비했어요.
오두막에 식탁보가 하나도 없었기 때문에 하얀 천을 펼쳐서
과일과 물체의 색, 그림자가 더 선명하게 보일 수 있도록 했지요.
타오아, 파르, 테투아도 같이 그려 보고 싶었어요.
"거기 식탁 뒤쪽으로 앉아 보렴."
고갱이 소년들에게 말했어요.
고갱은 이미 완성된 작품을 상상하고 있었어요.
실제와 같은 정물화나 인물을 그대로 묘사한 초상화는 아니었어요.
'이 작품을 뭐라고 부르면 좋을까?
'식사', '바나나', 아니면 '식탁 뒤의 타히티섬 소년들'?'

하지만 이번에 그린 그림의 제목은 어떻게 지어야 할지 분명히 알았어요.
그림의 제목은 '당신을 환영합니다, 마리아(la Orana Maria)',
즉 〈아베 마리아〉였어요.
마타이에아에는 가톨릭 신자가 많았어요.
고갱은 그들을 위해서 타히티섬의 분위기를 담은 수태고지*를 그리기로 했어요.
어두운 피부색에 타히티섬의 전통 의상 '파레오'를 입은,
심지어 이미 태어난 아이를 팔에 안고 있는 모습의 마리아를 본다면
프랑스 사람들이 어떤 반응을 보일지 궁금해졌지요.
고갱의 입가에 미소가 번졌어요.

---

*수태고지 천사 가브리엘이 마리아에게 나타나 성령의 아이를 가졌음을 알리는
누가복음 1장 26절의 38장 '수태고지'의 순간. 종교화에서 자주 등장하는 주제다.

"이번에는 성경이 아닌 지구의 낙원을 그려 보는 것은 어떨까?
이브는 분명 타히티섬의 여인들만큼 아름다웠을 거야.
물론 파레오는 입고 있지 않겠지."
"선교사들이 말하길, 이브는 뱀의 유혹에 넘어갔대요.
이곳에는 뱀이 없는걸요."
조테파가 말했어요.
"그렇다면 나무 위 거대한 도마뱀을 그리면 되지.
양쪽에 날개도 달아 줘야겠다. 불꽃처럼 빨간색으로."
"사과는요? 여기에는 사과도 없잖아요."

"음……. 이브가 다른 과일을 집었을 수도 있지 않을까?
예를 들면 사과랑 비슷하게 생긴 다른 과일 말이야.
아니면…… 꽃은 어떨까?
맞아! 상상 속의 꽃을 그려야겠어. 공작의 깃털 같이 생긴 꽃!"
"하지만 꽃을 먹을 순 없잖아요."
조테파의 말을 들은 고갱은 미소 지었어요.
"선교사들이 말한 사과나무도 있고, 그 나무를 휘감은 뱀도 있는 낙원은 다음에 그릴게.
오늘은 나만의 낙원, 마타이에아의 낙원을 그리겠어.
그림의 제목은 〈환희의 땅(Te nave nave fenua)〉이야."

맞아요, 마타이에아는 정말로 환희가 넘치는 땅이었어요.
하지만 아쉽게도 이제 고갱은 떠나야 했지요.
고갱은 타히티섬에 머무는 2년 동안 수많은 작품을 프랑스로 보냈지만,
팔린 작품은 없었어요.
타히티섬에서 지낼 돈도 떨어져 갔고, 캔버스와 물감도 부족했어요.
파리로 돌아가서 전시를 열고 자신의 작품을 설명할 시간이 된 것이지요.
누군가는 고갱이 표현한 노랗고 빨간 개, 혹은 보라색의 나무를 보며
그가 미쳤다고 생각할 수도 있어요.
또 누군가는 그림 속 투박하게 묘사된 타히티섬 여성을 보고 불쾌해할지도 몰라요.
그러나 고갱은 언젠가 그들도 자신의 작품을 이해하게 될 거라고 믿었어요.

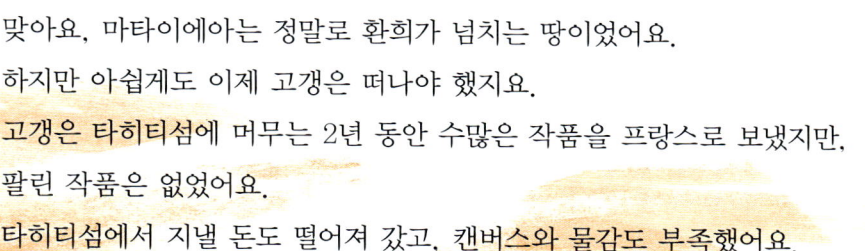

고향으로 돌아가는 배에 오르기 전, 그는 이렇게 생각했어요.
'나는 그림에게 자유를 준 화가로 기억될 거야.'
고갱은 타히티섬의 열대 색채를 눈과 마음에 담고 출발했어요.
바로 이 강렬한 색채가 언젠가 그를 세계적인 화가로 만들어 줄 테니까요.